HISTOIRE

DE

QUARRÉE-LES-TOMBES

CHEZ LES ÉDUENS FÉDÉRÉS,

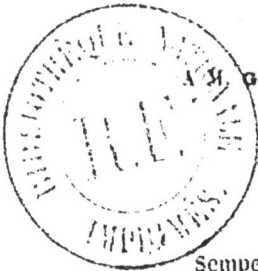

————

A M. GALLOIS DE NEVERS.

————

Naturam quærere rerum
Semper, et inventam patriis exponere chartis.

LUCRÈCE, lib. IV.

————

BOURGES,

De l'Imprimerie de P.-A. MANCERON.

—

1843

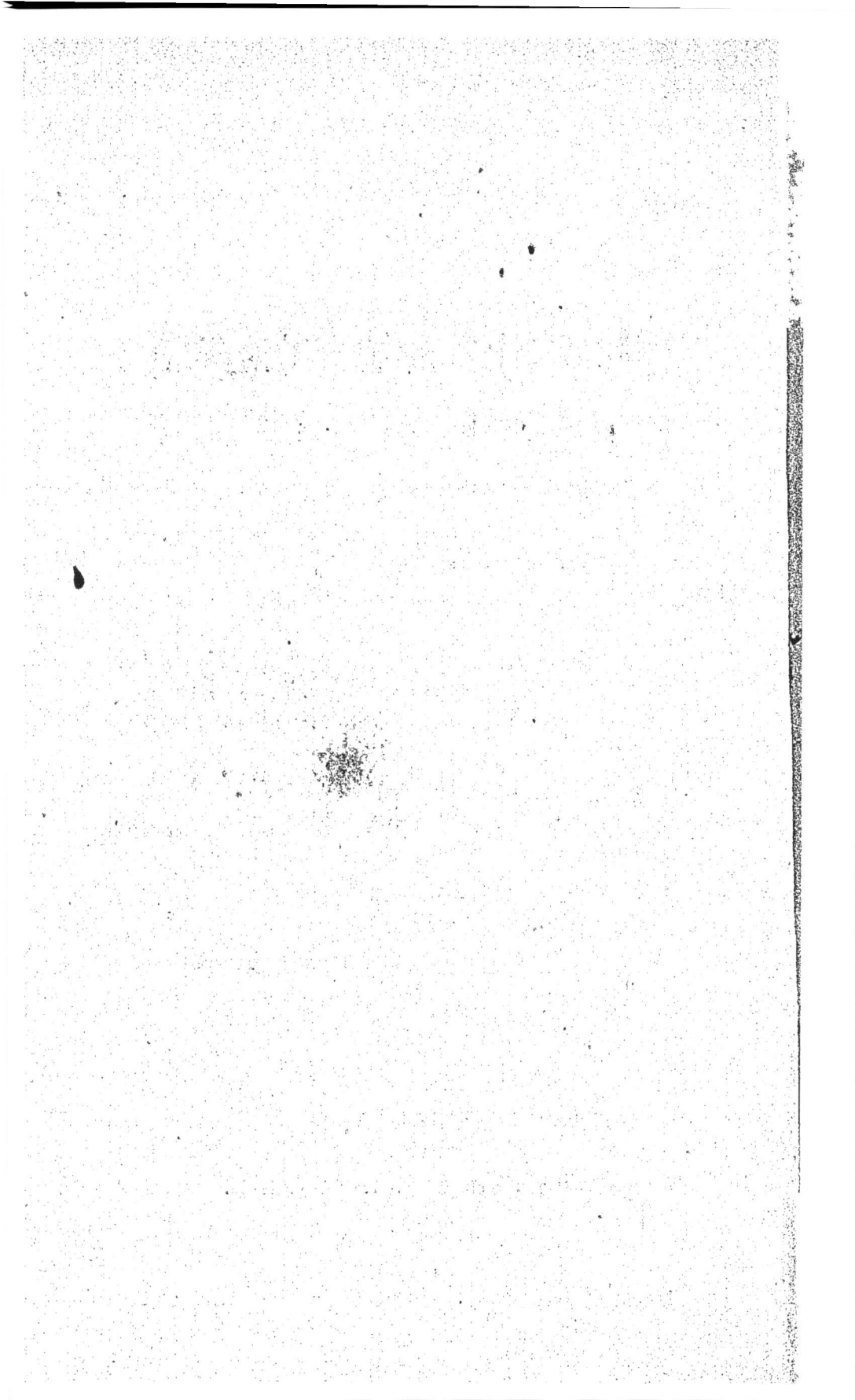

HISTOIRE

DE

QUARRÉE-LES-TOMBES.

———◦◦◦———

Dans le premier quart du XVIII° siècle, l'attention des antiquaires fut vivement frappée par la circonstance extraordinaire d'une accumulation insolite de tombeaux qui, pour la plupart n'avaient point encore servi, dans une localité peu importante du Morvand, et que ni l'histoire, ni l'archéologie, ni la tradition n'annonçaient être en rapport avec une population éteinte ou présente. L'abbé Bocquillot (1), chanoine d'Avallon, publia, sous le voile de l'anonyme, quelques réflexions à ce sujet, et Moreau de Mautour (2) en fit l'objet d'un mémoire présenté à l'Académie des Inscriptions et Belles-Lettres. Je ne sache pas que, depuis lors, ces monuments aient été l'objet de nouvelles investigations, et je viens, à mon tour, étudier un instant ce phénomène archéologique.

Quarrée est située sur les confins de la petite contrée du

(1) Sur les tombeaux de Quarrées, village de Bourgogne, in-8, Lyon, 1724.

(2) Mémoires de l'Académie, etc., in-12, La Haye, 1714, t. 11, p. 143.

Morvand, dans l'Auxois, province de Bourgogne, à deux lieues d'Avallon. C'est là que, sur un espace de six hectomètres soixante mètres de longueur, sur un hectomètre soixante mètres de largeur, se trouve, de temps immémorial, un nombre prodigieux de tombeaux en pierre grisâtre, d'une longueur d'au moins un mètre. Parmi tous ces monuments funèbres, un seul a présenté une croix gauloise analogue à celles que l'on voit sur quelques médailles celtiques, ainsi que sur certains monumens de l'Egypte, du Mexique ou de la Chine, c'est-à-dire à branches égales. C'est à cette accumulation extraordinaire de tombes que la commune a dû le nom primitif de *Parochia de Quadratis Lapidibus*, que l'on retrouve dans de vieux titres, et qui a été traduit, non par Quarrée-les-Pierres, mais par Quarrée-les-Tombes.

La tradition du pays disait qu'à l'époque où Moreau de Mautour entretenait ses collègues de ce fait, on avait déjà découvert plus de deux mille tombeaux. Entrant ensuite dans l'analyse du fait, ce savant prétendit qu'une seule et même carrière avait fourni toutes ces pierres, et qu'elle était située à six lieues de Quarrée, au champ Rotard. Il eut ensuite l'idée que partagèrent, à ce qu'il paraît, tous ses collègues, qu'il pourrait bien se faire qu'on ne dût voir dans cette réunion de tombes que la preuve de l'existence déjà éloignée d'une manufacture antique de tombeaux.

Quoi qu'il en soit, la plupart de ces tombes sont aujourd'hui sans couvercles, parce que ces pierres, ainsi travaillées, sont propres à une foule d'usages, et, en outre, on ne peut plus faciles à prendre. Presque aussitôt que le culte, dans des vues exclusivement pieuses, fit construire une église au centre de ces monuments funèbres, elles furent employées les premières d'abord, soit pour la maçonnerie, sous forme de pierre ou de chaux, soit pour le dallage de l'église, et ensuite pour la construction des maisons qui vinrent bientôt et successivement s'abriter sous la protection du monument religieux. En creusant les fondemens de la sacristie, on découvrit deux tombeaux dans lesquels on trouva deux pendants d'oreilles, et dans un autre, extrait d'une cave, s'offrirent quelques ossemens et deux autres boucles d'oreilles.

C'est ainsi que les monuments de la mort servirent à l'érection de la demeure des vivans et d'un temple au maître de la vie et de la mort. C'est là, du reste, le sort le plus heureux peut-être de toutes les collections de ce genre. La même fortune eut lieu à Karnac où, dans le XVIe siècle, on comptait encore plus de quatre mille menhirs. Ces pierres colossales ont toutes été brisées aussi, sur place, et emportées à Lorient, à Brest, etc., pour servir également à des constructions particulières. Enfin cet autre champ de pierres, considéré comme une véritable carrière, ne contient guères plus aujourd'hui que douze à quinze cents de ces monumens religieux, rangés sur onze lignes parallèles, du sud-est au nord-ouest, sur une longueur de 763 toises sur 147 de largeur.

Qu'est-ce qui nous mettra sur la voie d'une explication plausible de cette réunion de sépultures à Quarrée-les-Tombes? Moreau de Mautour, se basant je ne sais trop sur quoi, s'est arrêté à l'idée qu'après la défaite et la mort d'Abdérame, général des Sarrazins, les débris de son armée s'étant joints aux Vandales, aux Alains et aux Ostrogoths, ces barbares désolèrent la Bourgogne, et se rendirent maîtres de Mâcon, de Châlons, de Dijon, d'Auxerre, d'Autun; etc., et, à ce qu'il paraît, car ce passage n'est pas très-clair, qu'ils durent enterrer leurs morts à Quarrée-les-Tombes, grâce très-probablement aux précautions emmagasinées de la manufacture des tombeaux. Enfin, si par hasard ce n'étaient point eux, car il faut toujours tout prévoir afin de tout expliquer, ce sont les soldats de l'armée d'Henri I, duc de Bourgogne, qui y furent enterrés en 1003. A ces conjectures aventureuses ajouterons nous encore les nôtres? N'avons-nous point ce droit? Puissions-nous dès-lors en user mieux !

Et d'abord, quelle peut être l'origine du nom de cette commune? *Quadratis* est-il un nom gaulois, est-il un nom romain; ou bien le nom gaulois primitif s'est-il aussi latinisé et a-t-il pris dès lors une valeur romaine ? A toutes ces questions l'histoire ne répond rien, mais si nous jugeons par analogie, si de cette dénomination nous en rapprochons d'autres parfaitement semblables , nous serons naturellement conduit à donner à *Quadratis* la même source qu'à Quadrigellalq (Charoles), par exemple. Non loin de la commune de Lameth (Creuse), et plus près du Bourg est une terre que l'on nomme *Quarré* ou Quasiré, qui offre à l'antiquaire des vestiges incontestables et nombreux d'un temple antique sur lequel a légèrement divagué Baraillon (1). Pourquoi Quarrée ne devrait-il pas son nom à la même circonstance , et pourquoi, ici comme ailleurs, le temple chrétien n'aurait-il pu succéder à un temple païen ? Pourquoi les chrétiens, en adoptant la dénomination de cimetière, qui exprime si poétiquement le sommeil qui précède le réveil général (ΚΟΙΜΗΤΗΡΙΟΝ, lieu pour dormir) n'auraient-ils pas adopté aussi l'asile constant ouvert à la prière dans ce lieu redouté? Que cette étymologie, basée sur l'affinité des langues indo-germaniques, soit adoptée ou qu'elle soit rejetée, quelque naturelle et raisonnable qu'elle soit, peu importe à l'antiquaire , qui pourrait fort aisément en offrir vingt autres. Celle-ci, dans tous les cas, ne pourrait être la meilleure qu'autant que les indications archéologiques les plus puissantes viendraient aussi l'appuyer. Arrivons à ce point important.

(1) Recherches, p. 297.

Tout se lie dans l'histoire de l'humanité : la mort est une conséquence de la vie, et ce point matériel, placé entre l'avenir et le passé, est également une conséquence des opinions qu'un peuple se forme, et de la vie et de l'éternité, selon les lois du culte ou les caprices des préjugés. Dans tous ces cas, là se trouve partout le respect le plus profond pour les dépouilles humaines, où la religion est la plus sage et le peuple meilleur. Les Rom.ins, partant d'une erreur scientifique, parce que les sciences n'étaient point un rayon de leur immense gloire, brûlaient les cadavres afin de les purifier, et peut-être aussi afin de dégager beaucoup plus tôt l'âme de ses derniers liens terrestres. Voilà ce qui explique les colombaires ou hypogées. Dans tous les cas, une urne simple et petite suffisait pour contenir les cendres de chaque individu, et près de cette urne s'élevait un modeste cippe, ou bien même elle était enfermée dans un tombeau, sur lequel la sculpture se plaisait à déployer ses plus riches travaux. Ici le tombeau, comme le sarcophage, était tout simplement un objet de luxe. Mais le tombeau, dégagé de toutes ses idées, et considéré comme dernier asile de ce qui renferma la pensée ou l'âme, parait avoir été ou inconnu des Romains, ou adopté par eux longtemps après la conquête des Gaules. Ces usages venaient de la Grèce : c'est là que les Romains puisèrent l'habitude d'accumuler l'or et l'argent sur les dernières demeures de l'homme. Ce sont eux qui élevèrent le tombeau jusqu'à devenir un temple (1). On peut voir dans les auteurs spéciaux, dans les monographes, tous les détails intéressants que nous sommes obligé de passer ici sous silence.

. Les Indous, les Perses, les Egyptiens, les Gaulois, respec .

_____

(1) Plutarq. In Aristid. — Euripide, Medea, v. 1378, etc.

tant l'œuvre entière du Créateur, employaient tous les moyens possibles de soustraire les corps à une complète destruction : la mort n'était qu'un sommeil dont ils préparaient le réveil : comment avec de pareilles idées religieuses permettre la mutilation ou l'incinération des cadavres?

Les antiquaires ayant supposé que les Gaulois étaient à l'état sauvage, au moment de l'invasion romaine, n'ayant même pas réfléchi qu'il en est des lumières intellectuelles ou sociales comme des lumières physiques, c'est-à-dire que les unes et les autres tendent à s'équilibrer, quoique les arts ne soient pas au même point de perfection à tous les degrés de l'échelle sociale, ont confondu ce qui pouvait appartenir, en Gaule, aux étrangers ou aux indigènes. Nous ne savons donc que très peu de choses sur les funérailles de nos ancêtres. César seul nous apprend qu'elles étaient aussi magnifiques, aussi somptueuses que possible (1), et des matières d'une haute valeur étaient placées en outre dans leurs tombes. Une découverte faite sous l'une des pierres de Karnac, dépose en faveur de cette vérité. L'archéologie peut donc seule nous dévoiler ce que l'histoire oublia d'enregistrer. Il résulte des découvertes de ce genre, faites sur les différents points de l'orbe celtique, 1o que l'asile des dépouilles mortelles était ou creusé dans le roc ou creusé hors du roc, mais toujours sans ornement d'aucune nature; 2o que cet asile était, pour ainsi dire, dans les deux cas, moulé sur la forme du corps humain, ou peu s'en faut, à peu près comme les cercueils égyptiens.

Il résulte aussi de toutes ces recherches que les Gaulois étaient ensevelis selon les castes auxquelles ils appartenaient, 1o dans des tombelles, barrows ou galgals ; 2o dans des excavations androïdes pratiquées dans le roc même, comme à

(2) De Bello gallico, lib. VI.

Persépolis (1). On en voit en très-grand nombre près de Castries, dans l'Hérault, etc. Cette forme spéciale des tombeaux gaulois, dans les temps reculés, fut très poétiquement indiquée aussi par Homère, qui les nomme des tuniques de pierre ($\chi\iota\tilde{\omega}\nu\alpha$ $\lambda\acute{\alpha}\iota\nu\nu\nu$, IL. III, v. 57), et dans le fait, c'est que la ressemblance entre la saie gauloise avec sa cucule et ces tombeaux, était toujours plus ou moins parfaite. Je ferai observer en outre que cette tunique de pierre, dans laquelle on renfermait ceux qui avaient vécu, devait avoir aussi quelque chose de sacré : car tous les bas reliefs gaulois en pierre de touche ou de toute autre nature, mais représentant un seul individu, n'importe la dimension, entouraient visiblement aussi tout le personnage, d'un pareil encadrement. Les musées de France fourmillent de monuments de cette espèce, avec ou sans légendes ; 3o dans des fragments de rochers taillés ou transportés ; 4o entre d'immenses tuiles ou des moellons. Il résulte encore, à ce propos, qu'il faut admettre en outre trois espèces de cimetières gaulois. La première était destinée au peuple, c'est le Polyandrium, placé près des villes, mais en dehors ; la seconde réservée aux grands et aux riches, c'est la nécropole, située à des distances plus ou moins considérables de la cité. Ainsi outre les exemples de ce genre que j'ai cités ailleurs (2), je rappellerai que la nécropole de Néris était dans le Champ de la Palle, tandis que cimetière romain du *Vicus-Neri* était à Marcoing. Celle de Toull était à Bedioun, celle d'Arelate à Aliscamps, où des milliers de tombes inépuisables et magnifiques engloutirent successivement trois civilisations rivales, les Gaulois, les Romains et les Chrétiens ! celle de Huriel à

(1) Heeren, t. I, p. 275.
(2) Pierquin de Gembloux, Antiquités d'Autun, in-8 Nevers 1840.

Jarges, dans la vallée des tombeaux, celle d'Evreux à Coche-
rel, de même que le cimetière romain d'Augustodunum était
dans le champ des urnes, où se trouve la Pierée (Pyrée) de
Couard. Enfin, la dernière espèce, fruit d'une aristocratie sub-
sistant encore après la vie, était destinée à ne recueillir que
les membres d'une seule et même famille : c'était l'hypogée.
(1) Firmissimum hoc privilegium retinebant Galliæ civitates,
ut nullo modo intrà ambitum civitatum cujuslibet defuncti
corpus humaretur (2).

La découverte de ces différents monuments a démontré
qu'avant l'invasion romaine, de même que pendant la pé-
riode gallo-grecque, on ne voyait figurer sur les tombeaux
des Gaulois aucune espèce de signes tracés de main
d'homme. Quelle inscription y aurait-on pu mettre qui n'eût
été sacrilége? Le nom du défunt? Dieu le savait, le mort
n'en avait pas besoin ni les vivants non plus : ce signe n'é-
tait d'aucun avantage, d'aucune utilité pour la résurrection
future : à quoi servait donc d'étiqueter ainsi les morts?
Dieu reconnaîtra bien les siens dans cette réunion immense
d'âmes et de corps, et nos étiquettes ne feront pas plus que
nos éloges, ou plutôt nos mensonges, sur l'équité de ses ju-
gements. Y aurait-on glissé une invocation furtive aux Dieux
mânes? Mais les Gaulois n'y croyaient pas plus que les Fran-
çais. Y eût-on gravé l'emblème de la mort? Mais dans quel
but, et d'ailleurs qu'est-ce que la mort si ce n'est la transi-
tion du fini à l'infini, de la vie à l'éternité? C'est-à-dire une
chose toute métaphysique que l'on ne peut ni peindre ni
comprendre. Et puis le meilleur symbole du sommeil qui de-

(1) Louis Dubois, sous-préfet de l'arrondissement de Vitré, Notice
sur la galerie druidique d'Essé, etc.
(2) Clair, Les monuments d'Arles antiques et modernes, p. 147
et 155.

vait précéder l'immortel réveil, n'était-il pas la tombe elle-même? toute autre mention eût été superflue, et le pléo-nasme n'entrait nullement dans les mœurs de nos ancêtres. Un symbole religieux! Mais cette affiche si souvent menson-gère, quant à la vie du mort, était une souillure de plus, et importait fort peu d'ailleurs sur une terre où tout le monde professait le culte d'un seul Dieu avec une ferveur égale. Telles étaient les idées gauloises, telles furent les causes de leur silence épigraphique sur le dernier asile de l'homme. Mourir non inhumés et inconnus (ἀκήδεστοι καὶ ἄφαντοι IL. VI, v. 60.) était le comble du déshonneur : tous les peu-ples furent unanimes quant au premier point, mais il n'en fut pas de même quant au second. En effet, cette opinion fut évidemment contraire aux lois de la nature et de la véritable humilité, qui convient si bien à l'espèce humaine vis-à-vis de l'être qui sait tout. Elle n'en passa pas moins des Grecs aux Romains, puis aux Gallo-Romains riches ou puissants ; mais le peuple gaulois, fidèle à une religion née aux premiers siècles du monde, et si conforme aux lois révélées, n'épou-sèrent point ces prétentions fastueuses et sacriléges. Pas un homme ne se détachait ainsi de la grande masse humanitaire: tous restaient dans la masse gallique, et tout ce que l'on pouvait affirmer à l'inspection du monument, et c'était im-mense, c'est qu'il renfermait un Gaulois! C'est là ce qui avait lieu à Quarrée-les-Tombes; c'est là ce que l'on voit à Civaux, autour de l'église de St-Gervais, que l'on a égale-ment donné pour une manufacture de tombeaux (1), et qui n'est aussi qu'une nécropole comme celle de Boujon, près la Motte-St-Karey (Loire-Inférieure.)

(1) Mémoires de l'académie des inscriptions et belles-lettres, XII, p. 218.

Dans l'étude des monuments funéraires des Gaulois, il ne faut pas confondre l'ostothèque (1) ou polyandrium (2) avec l'ostodochée (3) ou nécropole. Le premier correspondait à ce que l'on nomme catacombes à Rome, et fosse commune ou cimetière public à Paris. L'autre était le cimetière du Père-Lachaise de l'antiquité, et on le retrouve aussi chez tous les peuples, parce que tous ont eu leur aristocratie. Ceux de l'Egypte, de la Grèce et de Rome sont connus, et tous étaient placés non loin des villes. Les nécropoles des Mexicains, où l'on retrouve journellement tant de ruines, étaient exactement dans les mêmes conditions. Le premier était le champ du sommeil des pauvres, le second la ville du repos des grands ou des riches. Cette distinction, que l'on rencontre partout, n'existe que dans ce fait, quoiqu'elle ressorte incontestablement des monuments mêmes, de leur forme et de leur réunion, ainsi que de la linguistique et de quelques passages d'auteurs anciens, ou tout au moins de l'emploi de quelques expressions que rien n'expliquerait sans l'admission des idées que nous venons d'exposer.

Il n'en était pas de même pour les Gaulois dont les différents idiômes ne nous sont connus que par les débris qu'ils ont laissés dans les patois de l'Europe actuelle (4), et cette division, ces catégories, après la mort, c'est-à-dire lorsque nous sommes tous égaux, ne se retrouvent que sous terre. Un fait certain, c'est que les honneurs rendus aux morts dépendent généralement de l'idée que se forme le peuple sur l'état qui suit la vie ou qui lui succède. Toutes les sépultures des Gaulois, unies aux traditions religieuses connues, attestent

(1) Lycophron, in Cassand. v. 367.
(2) Euripide, Alceste. v. 365.
(3) Esope, fabul. XXXV.
(4) Pierquin de Gembloux, Histoire des patois, in-8, Paris 1840.

que le culte de nos aïeux était, à peu de chose près, une des
sectes de la religion de Zoroastre. Tout était disposé dans la
prévision et dans la certitude d'une résurrection générale,
qui rétablirait partout les choses telles ou même mieux
qu'elles n'avaient été ; étendrait partout le règne d'Ormuzd,
l'empire de la lumière, et détruirait le règne d'Ahriman (1).
Cette doctrine exigeait naturellement la consécration des
corps jusqu'au moment où la vie rentrerait dans le cadavre
avec toute sa magnificence (2). Aussi la loi proscrivait-elle
l'incinération. En effet, cette pratique n'aurait pas été conforme à sa doctrine, puisqu'elle aurait profané le feu. Dans
le fonds, pour les Gaulois comme pour les Perses, comme
pour les Indous, le repos du sépulcre n'était donc après tout
qu'une simple modification de l'espèce humaine, et voilà l'o-
rigine du luxe enfermé si souvent dans les tombeaux gaulois,
alors qu'ils étaient eux-mêmes privés de toute valeur artis-
tique. Il en était de même à Persépolis (3), et la nécropole de
Mâcon ou plutôt de Châlons-sur-Saône, découverte à Char-
nay, située en partie sur les départements de Saône-et-Loire
et de la Côte-d'or, a mis également toutes ces vérités hors de
doute, puisqu'elle seule a suffi pour former, de ses précieux
débris, un musée instantané et riche en objets inconnus ou
très rares (4).

Du reste, n'importe où mourait le riche, son tombeau devait être le plus près possible de son berceau, et, alors que
le berceau disparaît, le tombeau rappelle encore et prouve

(1) Zend Avesta II p. 27, etc.
(2) ibid. t. 1 p. 140.
(3) Diodore de Sicile, Arrien, Quinte-Curce, etc.
(4) Mémoires de l'académie de Dijon, 1831, p. 50. — 1832, p. 41.
— Mémoires de la commission d'antiquités de la Côte-d'Or, p. 200
à 219.

une existence antérieure quoique ignorée. Il en est de même partout : aussi le village turck de Behram remplace aujourd'hui l'antique cité d'Assos, dont toute l'histoire se borne à deux ou trois faits passés dans son enceinte (1). Que savons-nous, en effet, aussi de l'histoire de cette ville ? Rien, si ce n'est une anecdote rapportée par Strabon, et dont deux philosophes d'Athènes, Aristote et Xénocrate, sont les héros. L'histoire de Quarrée n'est même point encore aussi riche. Là du moins , les monumens parlent, tandis qu'ils sont muets dans nos contrées. Ce que nous voyons seulement, c'est que là était aussi une nécropole dans laquelle régnait au loin le silence religieux de l'éternité , et par conséquent , ne retraçant aucun autre souvenir que celui de la destruction même d'un lieu sacré, enfin ayant la plus complète analogie géologique avec la nécropole d'Assos, qui nous donnerait au besoin une nouvelle preuve du choix des lieux inaccessibles pour asseoir les villes de la mort. C'est à propos de la nécropole d'Assos que les Anciens disaient : *Qui celeri passu assumit, mortis periculum adit (celui qui va trop vite à Assos s'expose à périr).* Ce proverbe n'existait-il pas aussi chez les Gaulois, à propos de Quarrée ? A Quarrée comme à Assos, les montagnes et les vallons sont toujours boisés ; la nature y est toujours riche et variée, seulement la culture, inconnue dans la nécropole grecque, est depuis longtemps honorée dans la nécropole éduenne. A l'occident de la montagne sur laquelle se trouve l'acropole ruinée, était placée la nécropole. C'est là que sont accumulés encore aujourd'hui, comme à Quarrée, des sarcophages nombreux et les tombeaux brisés, beaucoup plus considérables encore, et voici où commence

(1) Poujoulat, Correspondance d'Orient, in-8 , Paris 1834, t. III. lettre 69. — Choiseul-Gouffier, Voyage pittoresque en Grèce , — Texier, Voyage en Grèce, etc. etc.

là différence que nous avons fait pressentir. Quelques uns de ces tombeaux, en carré long, ont jusqu'à un et deux mètres de longueur. En général, ils sont en granit, ornés de festons, de têtes de béliers et de sculptures.

Les nécropoles n'eurent pas une seule et même physiono·mie chez les différens peuples connus. Quelques·unes étaient taillées dans le roc comme à Persépolis, mais par suite des idées religieuses de la Gaule, les nécropoles n'offraient au silence du tombeau que des asiles aussi purs que possible de tout e trace de mondanité, de tout luxe inutile. En Grèce, la religion de l'Inde et des Gaules avait été policée par le po·lythéisme,'conséquence naturelle de l'admission exagérée des rêves de Zoroastre. En Gaule, au contraire, elle était res·tée pour ainsi dire intacte, aussi retrouve-t-on quelquefois dans le Morvand même des statuettes appartenant incontes·tablement au Bouddhisme.

Quoi qu'il en soit, tous les tombeaux de la nécropole d'As·sos ont été violés par les Musulmans de la contrée, comme ceux de Quarrée l'ont été par les Chrétiens des environs. Les uns et les autres sont aujourd'hui complétement vides. Les derniers ont servi à élever un temple et des maisons, les autres plus gigantesques, moins destructibles, servent d'asile aux chevraux, aux agneaux des habitans de Behraṣa. pendant les fortes chaleurs de l'été ou les brusques orages du printemps et de l'automne. Les auteurs parlent bien sans doute du *Lapis Sarcophagum*, commun dans le pays d'Assos, mais il n'est arrivé à aucun d'entre eux de penser ni de dire, comme on l'a fait de Quarrée, que là se trouvait une manufacture de tombeaux.

Il ne faut point s'étonner des analogies frappantes et mul·tipliées que nous venons de rencontrer entre l'Inde et les Gaules, sous plus d'un point de vue, car elles ne sont pas moins nombreuses ni moins fortes, lorsque l'on étudie les temps primitifs de la Grèce, comme on vient de le voir ; aussi l'affinité zoologique des Grecs et des Gaulois n'est-elle pas seulement prouvée par l'origine identique de leurs différens idiòmes, mais encore par la conformité de leurs mœurs, de leurs préjugés et de leurs idées.

L'origine des cités grecques est la même que celle des cités gauloises : l'histoire de leurs premiers siècles ne diffère pour ainsi dire en rien. Ces deux peuples arrivèrent dans les contrées qu'ils devaient cultiver avec des idiômes, et par conséquent avec une civilisation depuis longtemps arrêtée. Ce qu'il y eut surtout de contact entre les colonies incunables quoique si distantes, c'est, comme on vient de le voir, la religion de la naissance et de la mort. Toutes deux enfin avaient, loin des cités, des nécropoles ; et décrire celles de la Grèce serait faire le tableau de celles de la Gaule, quoique Strabon paraisse n'admettre leur existence que pour l'Egypte. L'habitude de confondre la demeure des morts dans la demeure des vivants est toute moderne : tandis que les villes à part, pour des manières d'être si différentes, dépendaient entièrement des idées que les deux populations se faisaient de l'état de l'ame après la vie physique.

De tout cela nous sommes nécessairement conduits à admettre que dans les bois de Quarrée comme dans ceux d'Assos, fut une cité pour le repos des dépouilles humaines, et que la nécropole de Quarrée était destinée aux Eduens et de préférence aux habitants de Bibracte.

FIN

www.ingramcontent.com/pod-product-compliance
Lightning Source LLC
Chambersburg PA
CBHW061814040426

42447CB00011B/2648